Espío en mi comunidad

Alicia Rodriguez
Traducción de Pablo de la Vega

EL SUPERMERCADO

Un libro de Las Raíces de Crabtree

Crabtree Publishing
crabtreebooks.com

Apoyos de la escuela a los hogares para cuidadores y maestros

Este libro ayuda a los niños en su desarrollo al permitirles practicar la lectura. Abajo están algunas preguntas guía para ayudar al lector a fortalecer sus habilidades de comprensión. En rojo hay algunas opciones de respuesta.

Antes de leer:

- ¿De qué pienso que tratará este libro?
  - *Pienso que este libro es sobre lo que ves cuando vas al supermercado.*
  - *Pienso que este libro es sobre la comida que encuentras en el supermercado.*
- ¿Qué quiero aprender sobre este tema?
  - *Quiero aprender quién trabaja en un supermercado.*
  - *Quiero aprender sobre las distintas secciones de un supermercado.*

Durante la lectura:

- Me pregunto por qué...
  - *Me pregunto por qué la gente usa carritos.*
  - *Me pregunto por qué un supermercado tiene diferentes secciones.*
- ¿Qué he aprendido hasta ahora?
  - *Aprendí que puedo encontrar pan en la sección de panadería.*
  - *Aprendí que en un supermercado hay muchos tipos diferentes de comida.*

Después de leer:

- ¿Qué detalles aprendí de este tema?
  - *Aprendí que en la sección de productos lácteos la leche se mantiene fresca.*
  - *Aprendí que frutas como la manzana están en la sección de productos del campo.*
- Lee el libro una vez más y busca las palabras del vocabulario.
  - *Veo la palabra **panadería** en la página 4 y la palabra **congelador** en la página 9. Las demás palabras del vocabulario están en la página 14.*

Es hora de ir al **supermercado**.

En la sección de **panadería** encuentro el pan.

Las manzanas están
en la sección de
productos del campo.

La leche se mantiene fresca en la sección de **productos lácteos**.

El helado está en el **congelador**.

El **cereal** está en una estantería.

FAMILY SIZE
RICE KRISPIES
CRISPY RICE
HONEY SMACKS
BIG REAL HONEY
FROSTED FLAKES
MARSH MALLOWS
FROSTED FLAKES
Apple Orbits
Cinnamon Crunch
Apple Cinnamon Toast Crunch
Trix
Cinnamon Toast Crunch
LUCKY CHARMS
CINNAMON FROSTED FLAKES
APPLE JACKS
FROOT LOOPS
CHOCOLATE FROSTED FLAKES
Cheerios
LARGE SIZE
Reese's Puffs
WIN

Mira todos los comestibles.

Lista de palabras

Palabras de uso común

al
de
el
en
es
está
están
fresca
hora
ir
la
las
leche
los
manzanas
mira
pan
se
todos
una

Palabras para conocer

cereal

congelador

panadería

productos del campo

productos lácteos

supermercad

51 palabras

Es hora de ir al **supermercado**.

En la sección de **panadería** encuentro el pan.

Las manzanas están en la sección de **productos del campo**.

La leche se mantiene fresca en la sección de **productos lácteos**.

El helado está en el **congelador**.

El **cereal** está en una estantería.

Mira todos los comestibles.

Written by: Alicia Rodriguez
Designed by: Rhea Wallace
Series development: James Earley
Proofreader: Janine Deschenes
Educational consultant: Marie Lemke M.Ed.
Translation to Spanish: Pablo de la Vega
Spanish-language layout and proofread: Base Tres

Photographs: MMStock: cover (top left); gan chaonan: cover (top right); TarsaM: cover (bottom); Andriy Blokhin: p. 3, 14; Vipavlenkoff: p. 5, 14; Take A Pix Media: p. 6, 14; Robert Gregory Griffeth: p. 8, 14; Niloo: p. 9, 14; Sheila Fitgerald; p. 11, 14; ND700: p.12-13, 14

ESPÍO EN MI COMUNIDAD

Alicia Rodriguez
Traducción de
Pablo de la vega

EL SUPERMERCADO

Crabtree Publishing

crabtreebooks.com 800-387-7650

 In Canada: We acknowledge the financial support of the Government of Canada through the Canada Book Fund for our publishing activities.

Printed in Canada/122023/CP20231207

Published in Canada
Crabtree Publishing
616 Welland Avenue
St. Catharines, Ontario
L2M 5V6

Published in the United States
Crabtree Publishing
347 Fifth Avenue
Suite 1402-145
New York, NY 10016

Hardcover	978-1-0396-1564-9
Paperback	978-1-0396-1570-0
Ebook (pdf)	978-1-0396-1576-2
Epub	978-1-0396-1582-3
Read-along	978-1-0396-1588-5
Audio book	978-1-0396-1594-6

Library and Archives Canada Cataloguing in Publication

Title: El supermercado / Alicia Rodriguez ; traducción de Pablo de la Vega.
Other titles: Grocery store. Spanish
Names: Rodriguez, Alicia (Children's author), author. | Vega, Pablo de la, translator.
Description: Series statement: Espío en mi comunidad | Translation of: Grocery store. | "Un libro de las raíces de Crabtree". | Text in Spanish.
Identifiers: Canadiana (print) 20210248068 | Canadiana (ebook) 20210248084 | ISBN 9781039615649 (hardcover) | ISBN 9781039615700 (softcover) | ISBN 9781039615762 (HTML) | ISBN 9781039615823 (EPUB) | ISBN 9781039615885 (read-along ebook)
Subjects: LCSH: Supermarkets—Juvenile literature. | LCSH: Grocery shopping—Juvenile literature.
Classification: LCC HF5469 .R6318 2022 | DDC j381/.456413—dc23

Library of Congress Cataloging-in-Publication Data

Names: Rodriguez, Alicia (Children's author), author. | Vega, Pablo de la, translator.
Title: El supermercado / written by Alicia Rodriguez ; translation to Spanish: Pablo de la Vega.
Other titles: Grocery trade. Spanish
Description: New York, NY : Crabtree Publishing Company, [2022] | Series: Espío en mi comunidad - un libro de las raíces de Crabtree | Includes index.
Identifiers: LCCN 2021028462 (print) | LCCN 2021028463 (ebook) | ISBN 9781039615649 (hardcover) | ISBN 9781039615700 (paperback) | ISBN 9781039615762 (ebook) | ISBN 9781039615823 (epub) | ISBN 9781039615885
Subjects: LCSH: Grocery trade--Juvenile literature. | Comprehension--Juvenile literature.
Classification: LCC HD9320.5 .R6418 2022 (print) | LCC HD9320.5 (ebook) | DDC 381/.456413--dc23
LC record available at https://lccn.loc.gov/2021028462
LC ebook record available at https://lccn.loc.gov/2021028463